The Words of Charisma



カリスマの言葉シリーズ　＃００２

# 生きるのが楽しくなる脳に効く言葉

中野信子

セブン＆アイ出版

# 目次

カリスマの言葉シリーズ #002

中野信子

# 生きるのが楽しくなる脳に効く言葉

私たち人間の感情や思考を司るのが「脳」です。

一見、自分の意思とは関係なく決まっているように思える性格や行動も、脳の様々な働きの結果であることがわかっています。

脳の特徴やクセを理解して、うまく活用することができれば、決して変わらないと思っていた自分自身や自分の生き方を変えることも可能になるのです。

わかりやすく的確な解説でテレビのコメンテーターとしても人気の脳科学者が、豊富な知見に基づき、私たちの生活や人生を幸せにするための「脳の生かし方」を伝授します。

# 第1章

# 脳を使いこなす

# 「五感」を総動員させて記憶することで、忘れっぽい自分を変えることができる

記憶には「記銘」「保持」「想起」の3つのプロセスがあります。「記銘」とは覚えること、「保持」とは記憶を貯蔵しておくこと、「想起」とは貯蔵してある記憶を必要な時に取り出すことです。

人間は視覚、聴覚、触覚、味覚、嗅覚という五感を介して、脳に情報を送り、記憶や学習、判断などの処理をしています。長期間しっかり覚えるには、五感をきちんと働かせるのもひとつの手段。働かせる感覚器官が多ければ多いほど、記憶は強化されやすく、長期間にわたって残りやすいとされています。

また、忘れっぽくて困る、記憶力に自信がないという人は、実は「記銘」や「保持」に問題はなく、「想起」するところがうまくいっていないだけ。授業で受けたこと、会ったことがある人の名前が思い出せない場合は、「想起」のプロセスに弱点があると考えられます。

この場合も、五感をうまく使って覚えることで、記憶にタグづけがなされ、うまく想起されやすい形で記憶を操ることができるようになります。

# アウトプットを心がければ、記憶力は上がる

自分で計画した旅行など、経験に基づいた記憶には感情が伴うため、より記憶されやすく思い出しやすいものになります。

それは、脳の海馬が「生存に必要な知識を優先的に記憶する」機能を持っているためです。

海馬に大事な記憶と判断させ、保存してもらうためには、口に出すなど感情を動かすことが重要です。

また、記憶した後に手で書いたりパソコンに打ち込んだりして、アウトプットをしましょう。すると記憶は定着され、忘れにくくなります。

# 記憶したければ、覚えたらすぐ寝ること

徹夜して勉強を頑張っても、意外と試験の場で生かせなかったと実感している人も多いと思います。それもそのはず、脳の仕組みから考えると、一夜漬けは効率の悪い勉強方法。テスト前にはちゃんと寝たほう

がいいのです。

睡眠中に忘れにくいのは、他の情報があまり脳に入ってこないため。記憶が妨害されないためであると言われています。

さらに、ある程度の時間をかけて分散して反復学習をしたほうが、記憶がより定着しやすいという実験データも出ています。

# 勉強や仕事を始める前に、自分なりの「儀式」を行う

勉強をする時に、いきなり始めても、なかなか調子が出ない……ということは、少なくないでしょう。

そんな時は、自分なりの簡単な「儀式」を行ってから、勉強を初めてみてください。

「儀式」を行うことによって、脳が勉強のための準備を始めるので、集中力が高まり自然に効率が上がります。

私の場合はサイフォンで美味しいコーヒーを入れることにしています。

# 頭がモヤモヤして集中できない時は、「ほどほどに難しいパズル」をやると良い

脳は新しいものや刺激が好きで、どうしても落ち着いてひとつのことに取り組んだり、集中したりするのは苦手。ゲームなら何時間でも続けられるのに、試験勉強は続かない、なんてことは誰しも経験していると思います。ハイスコアを獲得してランキングを上げるという構造を考えれば、試験勉強とゲームはほとんど同じこととも言えますが、理屈でわかってもそう簡単にはいきません。

そこで、何かに集中したくても、どうしてもほかの誘惑に目がいってしまう時は、次の方法を応用してみると良いかもしれません。

ウェスタン・ワトソン大学のハイマンという心理学者が提唱している、ワーキングメモリ（作業記憶領域）を仕事に振り分けるための方法。それは、「頭の中に音楽が鳴り続けて消えなくて落ち着かない場合は、適度な難易度のパズルをやると良い」というものです。

集中のためには頭の中のワーキングメモリを、そのタスクのために確保しなければなりません。ハイマンの方法を使うと、頭にモヤモヤ残っていたゲームや食べ物など集中を乱す誘惑を追いやってくれるのです。

# 教科書を100回読むより、問題集を解いて「人に教える」ほうが理解を深める

私たちは、自分が現在見ているものすべてに注意を払い、記憶しているわけではありません。脳は日常生活をスムーズに送るため、「大事なことは記憶しない」「不都合なことは忘れる」能力を、年齢とともに育てていくのです。

それと同様に、私たちは日々の暮らしの中で、自分が使う身近な道具の仕組みをすべて理解しているわけではありません。例えば、部屋の蛍光灯。必要な時に明るくするために、スイッチの操作の知識さえあれば十分です。日常生活上、とても便利な感覚ですが、これが〝自分は○○について理解している〟という、「知識の錯覚」を生んでしまうことがあります。

典型例は、何度も教科書やノートを一生懸命に読み返して勉強したのに「テストで良い点が取れなかった」「試験に落ちた」など。これは、読み返して内容を見慣れた脳が、それを真の理解と取り違えて錯覚をしたのです。

もっとも効果的な勉強法は、実際に問題を解くこと。つまり、教科書を100回読むよりも、問題集を3回解くほうが効率的。さらに、問題集を解くと同時に誰かに内容を教える。相手の質問を受けることで「知識の錯覚」から抜け出せます。

# 男女の脳の違いを知れば、男女間の「けんか」は減る

男性と女性は、脳の構造自体が違います。女性は「左上側頭回」が男性より大きいと言われています。おしゃべりをしてコミュニケーションを取ることが、男性よりも得意なのはこのためです。

そもそも違う脳を持っているふたりが愛し合えることが不思議なこと。男性と女性は違う生き物だと認識して、「違う生き物だから理解してもらえなくて当たり前」だと思えると、ちょっとしたことで苛立つことも減るのではないでしょうか。

# 女性に不安を感じさせない男性は、

女性は整合性を気にする生き物で、とても小さな矛盾を覚えていたり発見したりします。

また、不安になりやすい傾向もあります。安心感をもたらすセロトニンを男性は

# モテる

１５０以上作れるのに対し、女性は１００しか作れないからです。

そのため、女性が見た目だけで男性を選ぶことはまれ。子育ての過程で不安要素がある男性は、リスクが高くなることから女性が選ばない可能性が大きいのです。女性が求めるのは、長く安心して付き合える男性です。

# 「脳内物質」の分泌が、

筋肉の増大など男性の特徴を作り出す働きをする、テストステロンという物質があります。男性ホルモンとも呼ばれていますが、性衝動の増進作用があるため、浮気を促すホルモンでもあります。テストステロンの数値が高い男性は、浮気する傾向があるのです。

実はこの数値が高い男性は、あ

# 浮気性の人間かどうかを決めている

る程度、外見から推測できます。筋肉が発達していてやせ型、男らしい外見のいわゆる〝イケメン〟。仕事もバリバリできて、出世したり、優れた業績を残すタイプでもあります。

# 女性は「やけ食い」
# 男性は「孤独」
## 男女で異なるストレス解消法

女性の場合、ストレスが溜まると無性に甘いものが欲しくなったり、「やけ食い」に走ったりします。実はこれ、女性の脳はセロトニンの分泌量が男性に比べて少ないということが、原因のひとつです。

甘いものや肉などを食べると、少し気分が和らぐ効果があるのは、これらの食べ物がセロトニンの分泌量を多くするからと考えられています。食べること以外にも、ゆっくりお風呂につかったり、温泉に行ったりするのも、同様にセロトニンの分泌量を増やすとされています。

一方、男性の場合はストレスが過度にかかると、やけ食いよりもやけ酒となることがあるかと思います。

男性ホルモンのテストステロンは、孤独を好む傾向を強めることが知られていますが、ストレスがかかった時、それをいやすために、ひとりになっていろいろ考えたりする時間が欲しくなるのです。友人と会っておしゃべりをする傾向が強い女性とは、真逆ですね。

なお、セロトニンが十分分泌されていると、ストレスをやる気に変えていくことが容易になりますが、不足しているとがっくりと心が折れてしまいます。

# 脳の使い方とトレーニングで、恋愛パターンは大きく変わる

人を本気で好きになれるかどうかは、脳が大きく関わっています。

知能が高い人ほど、恋愛ができないタイプが多いもの。気になる相手が現れても、脳の前頭前皮質の背外側前頭前野《はいがいそくぜんとうぜんや》が、「損するかも」、「お金が目的かも」など恋愛にブレーキをかけてしまうのです。お酒を飲む、寝不足で会うなどして、働きを鈍らせるといいかもしれません。

一方、「人を愛せない」ケースは生まれつき脳にプログラミングされています。脳下垂体で分泌される愛情形成に深く関わる物質の、アルギニンバソプレッシン（ＡＶＰ）の受容体が少ない人は、愛情の形成がうまくできないと言われています。

とはいえ、ＡＶＰが少なくても、愛情を形成する方法がないわけではありません。ＡＶＰと同様に愛情形成をうながす、オキシトシンを分泌させることです。例えば、恋愛映画や小説を見て擬似恋愛をする。かわいいぬいぐるみに愛着を持って触れ合う、人とたくさん過ごすなどです。

# 「嫉妬」や「妬み」を

不快な感情と戦い、克服してきた個体ほど生命力が強く、生き延びてきました。嫉妬、妬み、羨ましさを感じるというのは、それだけ生きる力があるということ。それらの感情は、個体を強化するチャンスなのです。

ただ、過度なネガティブ感情は集団の行動を乱す側面があります。当たり前に生じるネガティブ感情と自分が、どう向き合うか。

一度、脳で認知すると消去はできないので、抑えるのは一番ダメ。上手に付き合っていく方法を身につけるべきでしょう。

# 感じる人ほど生きる力がある

# 強い「妬み」ほど、使い方次第で自分を変えるエネルギーになる

妬みは環境で変わります。良い妬みが生まれる環境は、実力や成果がランキングなどで正当に評価され、健全な競争が行われているところ。

悪い妬みが生まれる環境は、コネや容姿で評価が決まるような、公平な競争が行われていないところ。努力が報われにくいため、陰で悪口を言い合ったり、足を引っ張り合ったりするこ

とが起こりやすい。そのため、自分が前向きに努力するよりも、相手の噂や評判を落とすほうに気持ちが向かいがちです。

では、悪い妬みにはどう対処すればいいのでしょう？　それは、自分の周りだけでも環境を変えることです。

人の悪口を言うと、「ブーメラン効果」によって、悪口を言った自分の評価まで下がると言われていますから、人の悪口はこらえる。

その代わり同じ噂話をするにしても、誰かをほめるという戦略です。すると今度は、人は直接ほめられるよりも第三者を介してほめられたほうが嬉しいという「ウインザー効果」により、あなたの株が上がるかもしれません。

農業国であり災害が多い日本は、昔から協力し合わないと生産性が上がらず生き延びることができませんでした。そんなこともあり、日本人の脳は妬みを強く感じやすいのです。これは仕方ないこと。むしろその強いパワーをプラスに変えて、自分のエネルギーにしましょう。

# アドバイスを求められると、

攻撃してきたり嫌がらせをしてきたりする人がいたら、あえてその人に直接、アドバイスを求めてみましょう。「アドバイスをする」という行為は、相手があなたに「投資する」ことを意味します。投資をする時、人間は報酬を期待します。つまり、「アドバイスが役に立つ」ことを期待するのですが、攻撃や嫌がらせを続けていると、アドバイスが役に立ちません。

人間には、常に正しい立場でいたいという欲求があるため、自分の行動を「良くない」と判断をすると脳が不快感を覚えます。自分で自分の行動を監視する脳の回路

# 人は攻撃や嫌がらせを続けられなくなる

があるためです。しかし、嫌がらせをしている最中は行為を正当化して、回路を働かせていません。それどころか、不快感を覚えなくなったり、むしろ正しいことをしていると思い込んで快感を覚えることすらあります。

ところが、一度アドバイスをしてしまうと、「自分が授けた知恵を正解にしたい」という心理が強く働きます。そのため、自然とあなたに対して嫌がらせを続けるモチベーションが下がっていくのです。

人は、仲間以外の者が少しでも間違えたことをしているのを見ると、本能的に制裁を加えたくなります。

これは「裏切り者検出モジュール」といって、社会性を司る

# 仲間であると示すことで、

# 「イジメ」は回避できる

眼窩《がんか》前頭《ぜんとう》皮質《ひしつ》にあります。

　この制裁システムが働くと、仲間で協力し、異物を排除しようとして、イジメのような集団行動を取ることもあるのです。

　あなたがその対象になりかけた場合は、フリでもいいので、「仲間ですよ」と示す行動を取ると、関係が良くなることもあります。

# 優秀な人が、

カリフォルニア大学バークレー校の研究チームが、興味深い研究結果を報告しました。

お互いを知らない4人の学生を組み合わせてグループを作り、数学の問題を与え協力して解いてもらうという実験。被験者グループの学生のやりとりはすべてビデオで記録され、それを被験者に見せてリーダーを誰にするのか決めてもらいます。さらに、無関係の第三者にもビデオを見せて、リーダーにふさわしい人物を選んでもらいました。

すると、被験者も第三者も同じ人物を選んだのです。しかし、このリーダーはほかのメンバーより数学の能力が秀でていたわけではありません。リーダーに選ばれた

# リーダーに選ばれるとは限らない

理由は「支配性が高い」こと。数学とは別に実施した短い性格判断テストの結果で、支配性が高いとされた学生ほどリーダーに選ばれやすいことがわかったのです。「支配性が高い」とは、ほかの学生を恫喝するなどの行為をしていたわけではありません。最初に発言をしていたという、とても単純なことでした。ほかの特徴として、確信に満ちた様子で話す傾向もありました。

つまり、「実力のある人」よりも、「確信のある人がリーダーになる」のです。

# 客観視すれば、怒りをコントロールできる

上司や部下など、ちょっとした他人の言動にイライラしてしまうことがありますよね。

そんなイライラを抑えるためにおすすめなのは、「怒り日記」をつけること。

何か怒るたびに〝○月○日　部長に××と言われてムカつく！〟と記録するのです。そうすることで、自分は何にノルアドレナリンが出やすいのか見えてきます。

こうして自分の怒る姿を客観視できると、いざという時に怒りをコントロールできるのです。

会社の上司が、「俺って仕事できるから。この間のプロジェクトの成功は俺のおかげだから」などと、聞くのが苦痛になるような自慢ばかりする。それどころか、「お前はマメじゃないからモテないだろう？　仕事と同じでどうプレゼンするのかが重要」と上から目線で説教をしてくるなど、自分と気が合わない場合。

人が自慢や説教をする時には、脳からドーパミンが分泌されて快楽を感じています。これは中毒性があり、もっともっと……と求めてしまうため、自慢や説教をストレートに止めるのは少々厄介なこと。そんな時は、自分の思考や行為を客

# 上から目線の説教をする相手は、

# 「メタ認識」でスマートにかわす

観的に把握し、認知する〝メタ認知〟を試みれば、自分を守ることができます。

①類型化することで、客観的に相手の分析を試みる。
「この上司はすぐに『今の若いやつは……』って嘆くけど、新しいことが嫌いなタイプなのかな？」などと分析してみる。
②相手の心理分析を試みる。
「険しい表情をしているけど、ストレスが溜まっているんだろうな」などと内面を推測してみる。

①や②の方法によって話している内容から気をそらすことで、心理的な不安が減り気持ちが軽くなります。

大学院で音楽理論を学び作曲家として活躍するフランス系ユダヤ人のAさんは、意見を聞かない相手と出くわした時に、先に相手の意見を受け入れる方法を選びました。

Aさんが書いた曲が気に入らなかった、パーカッショニストのCさん。奏法、楽器、何もかもが無理のある選択だと考えたCさんは、Aさんの言うことに耳を貸しません。

そこでAさんは先に折れ、こんな風に伝えました。

「この前の話を考えてみたのだけれど、やはりCさんが正しいと思う。Cさんの言っていたことに賛成するわ」

このことで、Cさんは「実際に演奏するのは自分であり、

# 相手を自分の思いどおりにするには、

# まず相手の意見を受け入れること

その現実的なアドバイスを受け入れたということは、Aさんにもちゃんと判断力があるようだ」と、Aさんに対して一目置くようになったのです。

それから二晩ほど置いて、Cさんが「頑張ればできたかもしれない……」と思い始めたころを見計らって、Aさんは再び提案を試みました。それも、「あなたがやれるように修正をするので」と譲歩の姿勢も忘れずに。するとCさんは、Aさんの意見を聞くようになったのです。

相手の意見をまずは受け入れることが、交渉のコツとなり得るのです。

# 爪をどう隠すか、いつ見せるのが効果的かを

ＭＥＮＳＡ※で出会ったある男性は、ごく普通に見えましたが、何度か顔を合わせる中で「普通のふりをしている」ことに、私はようやく気付きました。

# いつも考える

「能ある鷹は爪を隠す」ではありませんが、彼は「爪をどう隠すか、いつ爪を見せるのが効果的か」ということを、いつも考えていたのです。

自慢話やひねりのない自己アピールに終始する人が多い中で、効果的に能力をアピールすることができれば、周囲からスマートな評価を得られることでしょう。

※MENSA（メンサ）は1946年にイギリスで創設された国際的なグループ。テストを受けて全人口の上位2%のIQの持ち主の基準に達すれば入会できる。

# 「豊かな人脈」が自分をより輝かせる

輝いていると周囲から思われている人は、必ずと言っていいほど、豊かな人脈を持っています。それは、天才だから、美人だからということだけが理由ではありません。

誰でも「もともとすごい人」ではないのです。

良い人材を集め、良い友人を惹きつけるために、人の何倍も、何十倍も心を砕いています。

良い人材にとって、魅力的な自分であり続けるための努力を、決して怠らないのです。

# 男性の脳は外見から人を好きになる

恋愛をする時、男性の脳は特に視覚に関わる場所の島皮質部分が活発になります。

なぜ、男性が視覚に関する領域を活発化させているのか。それは、健康で優秀な赤ちゃんを産める女性を見極めるためと考えられています。

なお、男性はお尻ではなく、ウエストとヒップの差を見ています。その比率（ウエスト÷ヒップ）が0・6〜0・7に入る女性を、男性は目で追って選びたくなるのです。

# 自分で自分に期待させれば、

脳内物質の中の報酬系は、生きていくのに必要なものを得た時、活性化するようにできています。

「自分が生き延びるための行為＝食事」や、「子孫を残すための行為＝セックス」に快感を覚えるように、あらかじめ脳はプ

# 成功を手にできる

ログラムされているのです。

一方で、「もうすぐできる」と、何かを期待して行動している時にも、活発に活動します。

要するに、自分の目の前に、自分のために、ニンジンをぶらさげることができる人。それが成功していける人の条件です。

# やらないことを決めると、やるべき目標を達成しやすい

目標達成のためには期限を設けて、「やるべきこと」を考えると同時に、「やらないこと」を明確にすることです。

例えば、「TOEICで今年は800点以上を取ろう」と目標を決めたとします。期限を今年中にすると、好きなことを何でもやるわけにはいきません。むしろ「やらないこと」を探さないといけないのですが、この当たり前のことを最初に決める人は意外と少ないでしょう。

新しい参考書や問題集を買い続けて〝できるような気分〟になってしまう人なら、新しい本を買わないことが必要です。勉強する時のモチベーションを上げるために勉強仲間を増やし、成績の良い人から勉強法を教えてもらっても、そのあとに勉強しなければ意味がありません。

期限が決められた目標を達成するには、できるだけ「やること」の数を減らし、余った時間や労力を「やるべきこと」に回す必要があります。「やらないこと」を決めておかないと、目的達成のために「やること」がどんどん膨れ上がり、1日24時間ではとても足りません。やろうと思っていて挫折してしまった……というのは、怠惰だからではなく、やることがどんどん増えた結果、できなくなってしまうからなのです。

# 勝負する場所を変えることで、「運」を引き寄せる

ひとたび勝ちが出ると、その勝ちを生かして勝負ができるので、次はより勝ちやすくなります。同じように、一度負けた人はその後も負けやすくなる。差はどんどん開いていく。つまり、運が良い人とは〝勝ちグセがついている人〟で、運が悪い人は〝負けグセがついている人〟とも言えます。

その負けグセを断ち切るには、知能を伸ばすこと。知能と言っても、「地頭」と呼ばれる非言語性知能と、知識や経験によって伸びる言語性知能があります。その言語性知能のほうを伸ばすのです。具体的には本を読んだり、人と会って知識や知恵を吸収する。運を引き寄せるため、まずは勝負に勝つ力をつけるのです。

もっとおすすめの方法は、勝負する場所を変えること。環境そのものを、自分が運を発揮できる場所に変えてしまうのです。そこで頑張っても無駄な努力に終わる可能性を感じたら、自分の適性を考えるのです。

例えば、仕事を変える。あるいは、部署やポストを変えてもらうように働きかける。そこまでしなくても、しゃべることより聞くことに適性があると思えば、営業や商談ではできるだけ聞き役に徹する。あるいは、自分で仕事をガンガン取ろうとするプレーヤーではなく、仕事をできる限り部下に任せて、その管理や調整をするマネージャーに徹するなどです。

# 成果を挙げている人は「夢中になりやすい性質」を利用して、仕事に精力を注ぐ

男と女の脳が生理学的に異なっている例として「ドーパミンの放出量の違い」が挙げられます。具体的に何が違うかと言うと、ハマりやすさが違う。男性は中毒に陥る傾向が強いのです。

ドーパミンは、俗に「快楽の分子」と呼ばれ、チョコレートを食べることからセックス

に至るまで、さまざまな行為によって分泌され、人間に快楽をもたらします。そして、脳内のドーパミンの量が多くなると、人が何かに夢中になるのを促進するのです。

「ヲタク」と呼ばれる人は男性が多いですね。これは、男性の脳がひとつのことにハマり、夢中になりやすいため、簡単にはほかの追随を許さないほど趣味を究めることができるからだとも言えるでしょう。

仕事で大きな成果を挙げる男性は、きっと自然に自分の脳の性質を利用できているのではないかと思います。熱中しやすい脳を持っているということが自分でわかっていて、仕事に精力を注ぐことができるように、工夫して自分をコントロールしていると感じることがしばしばあります。

# 「集中力」を身につけるには、脳が集中しやすい環境をつくる

集中力とひと口に言っても、個人差が大きいもの。もし、「自分は飽きっぽいから集中力なんて身につかない……」なんて思っているなら、非常にもったいないことです。「集中力を身につける」ことをしたかったら、その発想を捨てましょう。

脳というのは本来、集中できる環境を作ってやると、勝手にそのことに集中してしまうようにできています。「集中力を身につける」

ための意味のなさそうな努力を一生懸命するよりも、脳が集中しやすい環境づくりをすることのほうが、ずっと簡単で効果的なのです。

集中するためのひとつの方法は、聴覚や視覚を刺激するものを遮断すること。音楽やテレビなどは消す。目から入る刺激が気になる人は、妨げにならないようにサングラスなど色つきのめがねをかける。

ふたつ目の方法は、途中で邪魔が入らないようにすること。おそらくもっとも邪魔になるのはメールやSNS経由のメッセージでしょう。ひとつの処理が1分程度ですんだとしても、頭を元の状態に戻すのには30分以上かかることも。メールチェックの時間帯を決めるなど、自分でルールを設定しておくといいと思います。

# 赤身肉を食べて、原因不明のイライラは解消

女性には、赤身の肉やレバーを積極的に摂ってもらいたいです。女性のセロトニンを作る能力は、男性よりもずっと低い。肉には、セロトニンの原料となるアミノ酸がたくさん含まれているからです。

セロトニンが不足すると、イライラしたり不安になったりします。原因がわからず不安になると、人は原因を関係ないところに結びつけようとするもの。兆候もないのに夫の浮気を疑うなど、思い込みからトラブルを招くこともあるので要注意です。

# 音楽や楽器が人間の能力を高める

想像力が試される仕事に一番適しているのは、適度なレベルのノイズがある環境だと言われます。この理由は、適度なレベルのノイズという邪魔が、想像力を働かせるスイッチになること。それが、高次の処理を促進させて、想像力をアップさせる効果につながるというわけです。

さらに、子どもに楽器を習わせると、言語性のテストでも非言語性のテストでも、楽器を習っていない子どもより高得点を記録。音楽と能力は意外な相関関係があったことが証明されています。

# 潜在意識が答えを出してくれる

脳はすぐ、ひとつの刺激に対して慣れてしまい、飽きてしまうという性質を持っています。

ですが、飽きたらすぐ別のものに目を向けることで、いつも新鮮でやる気がある状態に持っていくことができます。

飽きている状態で同じことを続けながら「より楽しむためには、どうしたらいいかな」と思うことです。脳は苦しみを嫌い、楽しみを求める傾向があります。〝飽きた〟状態を嫌がるので、そう思うことで潜在意識が答えを出してくれるのです。

# フォルダとタグづけで部屋が片付く

必要なものをすぐに取り出せないほど、どこに何があるのかわからない。そんな、〝片付けられない部屋〟になってしまうのは、記憶や学習と深く関係する前頭前野の働きが少し弱いせいかもしれません。

そんな人が片付け上手になるには、分類をするためのフォルダ（箱）を作ること。最初はその箱を、ざっくり大きく分ける。次に普段着、部屋着、文房具、遊び道具などタグづけして仲間として覚えます。関連づけて記憶すれば、収納場所も覚えられるようになるでしょう。

第2章

# 脳を喜ばせる

例えば、ルールを守れない相手に困っている場合。

ひとまず、相手を全力で持ち上げます。批判したり叱ったりは一切せず、盛大にほめて賞賛の言葉を浴びせます。少なくとも、数分間続けるの

# 直してほしい行動は、盛大にほめた後に

# あっさり伝える

がいいでしょう。そして、相手の気分が高揚してきたころを見計らい、遅刻など直してほしい行動について「それは、ありえないよね」と、あっさり伝えるのです。

相手の人間性については、あえてひと言も触れず、困った行動だけを伝えるのがポイントです。

# 「熟女好き」の男性の脳は

# 会話を求める

熟女好きの男性の脳は女性化しています。そのため、好きか嫌いかを判断するのに重視するのは言語。視覚よりもコミュニケーション、会話を大事にするということです。

人は誰しも自分のことを話す時、快感を得ます。とりわけ男性は「社会的報酬」の満足感を得やすいため、経験豊富で人の良さを認めることが上手な人との会話を楽しく感じるのです。

昨今の熟女ブームは、そんな昨今の男性の変化によるものなのかもしれません。

人から信頼を得るためには、相手の話をよく聞き、相手が満足するようにほめること。上っ面のほめかたではいけません。

では、どのようにほめたらいいのでしょうか？　本当にほめるのがうまい人は、相手をしっかり観察しています。だから、

# 表面的でなく、相手の持つ

# 素敵なところを見つけてほめる

その相手の素晴らしいところを発見できるのです。

あなただけが見つけた相手の素晴らしいところを、心を込めてほめる。そうすることで「この人は自分のことを理解してくれている」と、相手はぐっとあなたに惹きつけられます。

# 自分の努力を「記録」して見返すことで、自信がわく

成果を挙げたりやる気を出したりする方法のひとつに、「自分の努力の記録」を残すことがあります。記録するということは、モチベーションを維持する上でとても重要なポイントです。

あとから努力の痕跡を見返した時に、「自分はこんなにやってきたじゃないか！」と感じて励みになる。すると自信がわいてきて、挫折を防ぐこともできるのです。

さらに、努力の痕跡を残すことは、本番で結果が出たあとの心のケアにも役立ちます。

惜しくも期待からほど遠い結果が出てしまった時、きっと残念な気持ちになり「努力しても無駄だった」「私には才能なんてない」とやけっぱちになるのではないでしょうか。

でも、自分がどんな努力をしていたのか、どのようなアプローチをして時間を割いてきたのかを記録に残しておけば、どんな結果が出ても、自分と冷静に向き合えるはずです。

自分の努力が見えないと、他人の努力や成果が気になって、本来やるべきことから心が離れてしまうことが起こりがちです。自分の努力を記録することは、目標に向かってブレずに進んでいく一助にもなるでしょう。

# 自分を追い込んで

自分にプレッシャーをかける適度なストレスは、実はパフォーマンスを上げるのです。

ネズミを使い実験した「ヤーキーズ・ドットソンの法則」は、適度なストレスが学習パフォー

# 成果を残す

マンスのレベルを最高値レベルに高めることを実証しました。

例えば、翌日までにプレゼンテーションの資料を完成させなければならない時。前日や前夜にものすごい集中力で仕事が進んだ経験は誰しもあるのではないでしょうか。

適度なストレスは人間に必要なものなのです。

# 人の役に立つことで

自分が得をしようと思ってやったことが誰かの役に立ち、人からほめられたりすると、「社会的報酬」が得られ、脳からドーパミンが大量に分泌されます。

一説では性的快楽よりも社会的快楽のほうがずっと上だと言われているように、これが「いつまでも意欲的で若々しい」人の秘訣にもなっているようです。

# いつまでも意欲的で若々しくいられる

日常的なことでも「自分がやりたいことが人のためになっている」、あるいは「人のためになることをやると、自分の利益になってくる」と考えて行動してみましょう。

フランスの研究所時代に一番仲の良かった同僚研究者のFさん。彼女はライバルを見つけるのが得意でした。そして、ライバルを見つけるやいなや、その人の良い部分に目をつけて、自分に取り入れよう、自分もできるようにしようと取り組むのです。

人間は共に強くなる相手がいないと、どうしても慢心してしまい、「この辺で十分だろう」とだらけてしまうものです。松下電器（現・パナソニック）の創立者・松下幸之助は「ライバルが強くなければ自分も強くならない」と言ったそうです。

脳は大量にエネルギーを消費することもあり、ずっと戦い続ける状態に耐えられるようには作られていないので、すぐに休もう

# 休ませ過ぎると戦えなくなる脳に、

# 「ライバルの存在」で刺激を与える

とする性質を持っています。でも、あまり休み過ぎると今度は戦えない脳になってしまい、うつを引き起こす原因になりかねません。休むことも大切ですが、上手に脳を戦わせてやる工夫も必要なのです。

今の自分にとって最高のライバルを見つけ、そのライバルと戦える自分に誇りを持つ。誰かにライバル視されることがあったら、光栄だと思う。戦うのはしんどいことですが、ひるまず戦っているうちに、脳が上手に使われて、どんどん力がついていくのです。

# 「スキンシップ」は脳の疲れをいやし、気分を安定させるホルモンを出す

皮膚は露出した脳と言われています。つまり、皮膚はただの膜ではなく、さまざまな情報を知覚して、行動に影響を与えるものと言えるのです。

その皮膚をなでたりさすったりして触れ合うことで、脳内ホルモンのオキシトシンが分泌されます。脳の疲れをいやし、気分を安定させ、心地良い幸福を感じさせるホルモンです。

スキンシップを取ることで、目に見えない愛情も確認でき、ストレスも緩和される。さらに、NK（ナチュラルキラー）細胞が活性化して自然治癒力が高まる効果も期待できます。

# ときめきが減っても、思いやりがあれば男女はうまくいく

恋愛初期は、脳がドーパミンを出してドキドキしますが、３〜４年もすると出なくなります。

恋愛の賞味期限は3年と言われるのは、こんなことからですが、ときめきが減っても関係を上手に続ける方法があります。

それは、尊敬し合える間柄になること。

ドーパミンが出ていなくても、相手を好きならセロトニンやオキシトシンが分泌されて安心や幸せを感じられます。そして、相手に思いやりを持ち続けることが、お互いを慈しんで長い関係を築くための秘訣なのです。

# 他人の不幸を喜ぶのは

他人の不幸を喜んでしまっても、自己嫌悪に陥らないでください。人間の脳には、ある条件のもとでは他人の不幸に喜びを感じてしまう場所があります。

公正でないと思う他人が痛い目に遭った場合、女性は弱

# 「正しい」反応

いながらも共感し、男性は報酬系が活性化。すなわち、喜びを感じていたことが、最近の研究結果からわかっています。

「他人の不幸は蜜の味」と言いますが、この感情は社会がうまくまとまっていく上で必要であり、やる気やモチベーションを上げる役割もあるのです。

# 怒りのホルモンを抑えるのは、笑顔で行う祈り

前向きな心でいる時、笑顔の時、感謝の気持ちを持っている時の脳内には、ベータ－エンドルフィン、オキシトシンなどの脳内快楽物質が分泌されます。

そのため、「良い祈り」をしている人の脳には良い影響が表れ、幸福感に満たされるのです。

ただし、ポジティブだからといって、「良い祈り」とは限りません。

スポーツなどの勝負に勝つための祈りでも、その力点が「ライバルを蹴落とし、叩きのめす」ことに向けられると、アドレナリンなど怒りのホルモンが分泌されてしまいます。

# 平穏無事な日々は、脳を衰えさせる

「幸福な人生」というと、何ごともない平穏無事な人生をイメージする人が多いかもしれません。しかし、同じ刺激が単調に繰り返されるだけでは、脳内快楽物質は出なくなります。

波風が立たない人生の日々は、脳にとっては何の新鮮な感動もない砂漠。こうした飢餓状態が続くと、脳は衰えます。
　さまざまな困難が次々と襲ってくる人生のほうが、それを乗り越えるたびに深い幸福感を感じることができるのです。

# 「自分語り」は快感を呼び起こす

誰にでも当てはまる曖昧な記述の星占いなどを当たっていると信じこむことを、「バーナム効果」と言います。「バーナム効果」が示すのは、次のふたつの事実です。

①人間の脳は、自分自身の傾向ですら意外に分析ができていない。

②自分について語られた言葉に、無意識に飛びつく。

特に②は人間の脳の性質をよく反映していると言えるでしょう。人間は自分に関心を向けられたり、自分のことを語ったりすることにより、脳の報酬系が活性化し快感を覚えるのです。

# 「ときめき」は人類の進化上の工夫のひとつ

脳科学的な「ときめき」は、特定の相手の姿などの視覚、名前や声など音声・言語刺激、匂いなどの嗅覚刺激などを受け取ると、脳の報酬系と呼ばれる部分を中心にドーパミンが放出され、気持ちを感じる仕組みです。

特に女性にとって子孫を残す行為は肉体的な負担となるため、恋＝ときめきによって脳の働きを一時的に麻痺させないと、なかなか脳が納得してくれません。

恋の「ときめき」は、「種の保存優先」の行動をとらせるのに必要だったのです。

# 未来を思い描き「ワクワク」する脳が希望にあふれる

記憶を司る脳の部位である海馬は、「未来にやるべきこと」「将来行う行動」についての「展望的記憶」もコントロールしています。

例えば、「来週の水曜日の午後2時から○○さんと会う」と

いう予定を記憶していることが、展望的記憶。これはスケジュール管理の問題ではなく、人間の生き方にも深い次元で影響を与えるものです。

未来に対するビジョンをしっかりと持ち、希望を持ってはつらつと人生を歩んでいけるのも、実は展望的記憶の能力があってのことなのです。

なぜなら、10年後、20年後の自分や家族、自分が所属する団体などの姿をいきいきと思い描き、「かくありたい」という目標を設定することも、展望的記憶の一部だからです。逆に、展望的記憶の能力が低い場合、「こうなりたい」というビジョンに乏しく、目標達成の地道な努力も苦手で、何をするにも意欲がわきません。最近の研究で、「人間が未来をいきいきと思い描く時に、海馬の活動が活発になる」ことがわかりました。

展望的記憶を強化するためには、記憶力の向上にも結びつく、脳内快楽物質のベーターエンドルフィンの分泌をうながすこと。すなわち、良い祈りが必要です。

# 「小さな成功」の積み重ねが、

ナディーヌ・ロスチャイルドという人がいます。エドモンド・ベンジャミン・ジェームズ・ロスチャイルド男爵の夫人となった女性です。彼女は貧しい家庭に生まれ育ち、やがて小劇場の女優となりますが、大スターではありませんでした。しかし、世界の大富豪であるエドモンド・ロスチャイルド男爵と出会い、求婚されるのです。

彼女は、著書の中で「あなたがまず心を配るべきなのは、自分自身なのです」と語っています。

# 大成功を導く

つまり、自分で自分を好きになれるよう、自分自身に心を配るべきであり、自分をかまうべきだ、と言うのです。

彼女自身が証明しているとおり、自分を大切に扱うことが成功につながります。成功とは、実は小さな信頼の積み重ねや、周囲の人といかに良好な人間関係を築けるかにかかっているのです。

では、周りの人から大事にされるのは、どんな人でしょうか。それが、自分を大事にしている人。ナディーヌの言葉は、このことを示唆しています。

# 男性がキャバクラに行くのは、

人間の脳が快感を覚えるのは、報酬系の回路が活動をした時。この報酬系をなんとか活動させようと、人間は必死に行動をします。

その快感の中には、「社会的報酬」というものがあります。

昇進が決まって嬉しい、上司に仕事ぶりが評価された、自分は○○さんにこんなに評価されている……など、社会的に評価されることによって感じる喜びのことです。

この社会的報酬は、人間にとって大きなウエイトを占め、さまざまな行動の原動力になります。特に、男性は新しい刺激や快感を好む「新規探索性」が強く、自分が満

# 「社会的報酬」を買うため

足する社会的位置にいるかを確かめたいという欲求が強いのです。

キャバクラが好きな男性は、お姉さんたちから「○○さんって、すごーい」「なんか好きになっちゃいそう」と言われたくて行くのではないでしょうか？

ほかの性産業ではなくキャバクラを選ぶのは、言語による快感を求めているということ。慣れているお姉さんは、お客さんに「社会的報酬」を与えることが上手なのです。そして、男性は彼女たちが与えてくれる擬似的な「社会的報酬」を買いに、キャバクラへ行くのです。

# 衝動買いをストップするには、

無駄使いを防止するのが、脳の前頭葉で働く「Cシステム」です。長期的な視野に立って合理的に判断するのが特徴ですが、作動するのが遅いのが難点。

Cシステムをなるべく早く作動させるには、「今だけお

# 一回〝がまん〟

得」は「危ない」と脳にインプットしておくことです。
　また、一度無駄使いを〝がまん〟すること。一回でもがまんできると、前頭葉にドーパミンが放出されます。すると、本来ならつらいはずのがまんが、どんどん快楽に！　衝動買いを抑えることができるでしょう。

# 第3章

# 脳を育てる

# 相手の心をつかむ

人は自分を深く理解してくれる人に感謝の気持ちをいだき、その感謝の心を示したいと思うもの。科学的に言うと、「あの

# 「聞く力」は

人はすごい！」と誰かに認められるような「社会的報酬」を求める生き物なのです。

　大きな快感を覚える脳の報酬系※は、男性のほうが女性より活発な活動をしています。男性の方が自尊心を満たそうとする傾向が、より強いのです。

　話をよく聞くことは、相手の自尊心を満たします。それが、相手の信頼を得て、心をつかむ第一歩になるでしょう。

※脳は報酬を期待したり、報酬を受けたりした時に快感を覚え、ドーパミンやエンドルフィンなどの脳内伝達物質を分泌する。それにより、人間は「やる気」や「多幸感」などが得られる。

# 相手を議論で打ち負かす必要はない

自分の意見を通したい時は、「議論を戦わせて相手のミスを突き、自分の考えを通す」方法が有効だと考える人は多いかもしれません。ですが、それでは相手を傷つけてしまう場合があります。相手を言い負かしたその時だけは、優越感に浸れるでしょう。でも、相手と持続的に良い関係を築いていくことは、難しくなってしまいます。

相手を尊重しながら自分の意見を通す。このほうが有効的な関係を長く築くことができ、お互いにメリットが大きいはずです。

そのためには、アサーション・トレーニング※が有効です。これは「私はそのようなことをした覚えがないのですが、あなたからはそのように思われているので、とても悲しいです」といった伝え方で、相手を攻めもせず自分を卑屈にもしない態度をさします。

秘訣は、徹底して「私」を主語にすること。「あなたがそんなことを思うなんて」ではなく、「私はそんなふうに思われて悲しい」と言うのです。

この結果、さわやかに自己主張できるようになり、人から不当に扱われたり利用されたりすることが減ります。また、怒りをぶつけて相手との関係を悪くする、腹が立ってストレスをためこむような状況も未然に防げるようになります。

※人間の対応パターンを「攻撃的」、「受身的」、「アサーティブ」の3つに分けて考えることから始まる対人関係のトレーニング。この中でも「アサーティブ」にあたる態度を取る練習をアサーション・トレーニングという。

# 現状を否定するより、

「人のことを悪く言わない」姿勢は一見、受け身に思えますが角度を変えると「どんな状況にあっても、それを拒絶せず、自分の源にしていく」という力強さがなければできません。

# 「有効活用」する

身の上に起きたことに原因を求めず、何か別のことのせいにはしない。状況から得られることと、もっと良くする方法を考える時間に使ったほうが、楽しいし得になるはずです。

こう考えることで希望を持ち続けられるようになります。それは、脳を若々しく保つ上でも重要なことなのです。

# 自分の
# マイナス部分を
# 受け止めて
# ポジティブに
# とらえ直せば、
# 人間としての
# 自信が身につく

私のフランスの研究所時代のある同僚は、研究室のムードをポジティブにする雰囲気がある人でした。彼と話をしていると、なんだか自分の頭の中まで明晰になったような感じがして、気分がとても晴れ晴れとして、やる気が出るのです。

その彼が他の人と違っていたポイントは、自分の実力を客観的に評価できることでした。自分ができることよりも、「自分には何ができないのか」をきちんと見積もるのは意外と難しいもの。

できない、という自分自身のマイナス部分を受け止める力は、仕事をこなす技術とはまったく関係のない「人間としての自信」に由来しています。ゆるぎない自己肯定の基盤を持っているからこそ、彼は自分のマイナス部分も悠然と受け止め、分析し、成長していくことができたのです。

自信を築く上でよく効く方法とは、まず自分のもっとも嫌いな部分や、思い出したくない、後悔しているできごとをどんどん挙げていくこと。次にそれらを徹底的にポジティブにとらえ直していくことです。

精神的にしんどい作業かもしれません。ですが、この作業によって、プラスがゆるぎないものになったら、あなたはどんなことにも動じません。

# 流れ星に願いごとを言える時点で、夢の実現に近づいている

流れ星に願いごとをすると、その願いがかなうのはどうしてか、知っていますか?

一瞬で消える流れ星。その時間はだいたい2秒くらい。そこで願いごとがすぐに思いつかずに「えっと……」と考えこんでいたら、あっという間に流れ星は消えてしまいます。

そこで願いごとを言うことができているとしたら、自分がいつも「そうなったらいいなあ」と願うことができている証拠。

流れ星に願いごとを言えた時点で、夢の実現に、確実に近づいているわけです。

幼いころに両親を亡くし、養父母の元で過酷な少年時代を送ってきた男性がいます。彼はあまりに優秀だったため、養父母の実子から嫉妬をかい、学校にいられないできごとが起こった結果、あまり教育熱心ではない学校へ転校させられました。

しかし、彼が学校を去る時、その才能を認めていたひとりの教師がこんなことを言ったそうです。

「これから君は、良い教師に恵まれる可能性は少ないだろう。ひとりで悩みを抱えながら、過ごすことになるかもしれない。しかし、誰にも教えてもらう

# 誰も味方がいないのであれば、

# 「本」を味方にすればいい

ことができなくても、世界には多くの本がある。これからは、本が君の先生だ。どの科目を選ぶのかも、どの先生に教えてもらうのかも、君の自由だ」

それを聞いて胸を熱くした彼は、「誰も味方がいないのであれば、まず本を味方にして自分で力をつけていこう」と思ったそうです。

本は読者を差別することはありません。怒ることもなく、やめたければ途中でやめてもかまいません。自分のペースに合わせて、好きな時に、好きなことを教えてくれる、あなたの先生です。

# 午前中の数分のトレーニングが脳を若返らせる

前頭前野を鍛えれば、脳を若返らせることができます。

トレーニングにはゲームなども有効ですが、「音読」や「計算」が効果的です。それも、脳がもっとも活発に働く午前中に、数分だけでも実行すると効果が上がると言われています。

トレーニングを続けることで、老いた脳から若い脳へ。外見だけでなく、脳も若さを保つことができるのです。

# 脳にとっての幸福は学び続け、成長し続け、達成を繰り返すこと

社会に出たら、勉強もしなくなり、本も読まなくなったという人は少なくないでしょう。

脳の仕組みから考えると、それは大変に残念なこと。幸福感の源のひとつを、自ら放棄してしまうことに等しいのです。

学び続け、成長し続け、達成を繰り返すことの中にこそ、脳が感じる幸福があります。脳にとっての幸福とは、変化のダイナミズムの中にあるのです。

学ばない、成長しなくていいと現状に満足することは、脳の本能に反する生き方なのです。

# 楽観主義とは、「やればできる」と信じること

「楽観主義」は物事を「なんとかなるさ」と脳天気に考えることでも、「自分に特別な力がある」と思い込むことでもありません。「やればできる」と、自分の力を信じること。「誰でもできることをきちんとやれば、絶対に結果が出る」と信じることです。

こう思える人は自分だけでなく、他の人にも「やればできる力」があることを信じています。他者への信頼があると、変にかしこまったり威張り散らしたりすることがなく、対等に付き合うことができるようになります。

そのため、困難が起きても、それを「現実である」と受け入れることが可能です。また、好き嫌いという感情に支配されずに非常に合理的な判断ができるのも特徴。嫌いという感情があっても、目的のためにそれが必要なら行動する、ただそれだけなのです。

このような生き方の人は、いつも未来に向かって準備ができています。そのため、目の前にあることに不安を感じることが少なくなり、精神状態も安定しています。

この安定した精神状態による余裕が、不測の事態にも対応できる柔軟性を生み、「やればできる」という自信が強化され、誰かをおとしめることなく、目標に向かってぐんぐん進むことができるのです。

# 目標とは、あなたの人生の質をより良く変えるための道具

目標を「数値化」することで成果を挙げ、やる気を出すことができます。自分にプレッシャーをかけることにもなるので、なかなか最初は設定が困難でしょう。ですが、適度な難しさで目標を設定することが、実はモチベーションを維持する秘訣なのです。

目標数値は自分が「クリアできる」とわかっているラインより、ちょっと背伸びしたあたりを基準に考えてみてください。

それではなぜ、目標を数値化したほうがいいのか。数値化しない目標は、達成できているかどうかがわかりにくいため、そのうち何をしたらいいのかわからなくなり、焦りばかりが募ってしまいます。「その目標にどれだけ近づいたのか」「どこが自分にとって難しいポイントなのか」といったことは、数値を設定しなければ見てきません。数値は、達成にやっきになるためのものではなく、目標と現実の差をちゃんと知るために重要なのです。

目標とは、あなたの人生の質をより良く変えていくための道具。最終到達点ではなく、自己を高めるための起爆剤と考えたほうがいいと思います。

# 続けられ
# 仕事が、

「今の仕事は自分
かせていないので
といったことで、
悩ませる時があり
結果、せっかく
を辞めてしまう人
りません。しかし
を順調に進められ
けているとしたら

# 向いている仕事

できる素質がある〟ということ。素質は脳の作りで変わってきます。例えば、発達している場所によっても得意なことは異なるのです。

長くその仕事を続けられていたとしたら、適性に合った選択をしていたということでしょう。

# 3つのコツを知れば、知能を一生向上させられる

知能には「流動性知能」と「結晶性知能」のふたつがあります。「流動性知能」とは、新しく経験することなどに柔軟に対応できる能力のことで、教育や経験には左右されません。生まれながらに持っている力で、簡単に言うと「頭の回転の早さ」です。この能力は20代でピークを迎え、穏やかに衰えていきます。

「結晶性知能」は逆に、死ぬまで向上していくと言えます。それは、知識など勉強をして蓄積されていく能力で、今まで蓄積された経験も関係するためです。「物を知っている」「経験に基づいた複雑な判断ができる」といった特徴があります。

ただ、「結晶性知能」が向上し続けるといっても、若いころと同じように覚えようとしても無理な話。覚え方には3つのコツがあります。

ひとつ目は、名前を覚える場合は職業とリンクさせるなど、条件をつけて情報を覚える「緻密化」。ふたつ目は、知り合いに似ているなど、人のつながりで覚える「ファミリアティ」。3つ目は、イメージした絵と一緒に情報として覚える「イメージ」です。

# 脳細胞を育てて、

# 自分の祈りをかなえる

脳細胞を育てるのは、筋力トレーニングと同じ。毎日少しずつ、それも適度な刺激と負荷を与えて育てていくもの。自分ができるレベルより、少し上を目標にすることで、脳は少しずつ育っていきます。

困った時だけ猛然と祈り、ふだんは祈らない人は、気が向いた時だけ筋トレするのと同じこと。たった1日だけ頑張っても、心の状態にはほとんど変化がないでしょう。祈りがかなわないものも無理からぬことと言えそうです。

# さまざまな人と会って話すことは、脳に良い刺激を与える

脳を育てる刺激の方法はさまざまありますが、代表的なものはたくさんの人に会って、対話をすること。

それも、毎日同じ顔ぶれに会うより、新しい友人・知人をどんどん増やしていくほうが、脳にとって良い刺激となり、神経ネットワークが育ちます。

自分と同じ職業や同質性の高い人とばかり接するより、さまざまな職業、年齢、社会階層の人と接するほうが、脳への良い刺激を得られるでしょう。

# 人も脳も何歳でも変われる

1998年、ピーター・エリクソンとフレッド・ゲージの研究により、大人の脳内でも新しい神経細胞が生まれることが明らかになりました。

ただし、大人の脳に生まれた神経細胞は、刺激の乏しい状態ではすぐに死んでしまいます。

適切な刺激が入ることで、この若い細胞は生き残り、脳の中のネットワークの一部として機能することができるのです。

脳を若く保つには、脳に適度な刺激を与えること、つまり、適度に困難な課題を乗り越えていくことが必須なのです。

# 逃げないと心に決めると脳が変わる

逆境に直面して「よし！　必ず乗り越えてみせる」と心のファイティングポーズが取れたなら、その瞬間に脳も闘う姿勢を取ります。

闘うための神経伝達物質が脳と体内を駆けめぐり、脳細胞が発火。シナプスやニューロン※が伸びてつながっていくのです。

しかし、逆に「ああ、もうダメだ」とあきらめたら、脳も〝逃げの方向〟に変わります。逆境に直面したら、「今こそ脳を鍛えるチャンス！」と心の中で叫んでみましょう。

※神経細胞の結合部の「ニューロン（神経系細胞）」は、神経伝達物質を「シナプス」へ伝える。神経細胞同士のつなぎ目である「シナプス」は、受けた情報をほかの神経細胞に伝える役割を担う。

# 認知症のリスクは3つの生活習慣で減らせる

認知症のリスクを減らす、3つの生活習慣が明らかになりました。ひとつがコミュニケーションを取ること。日ごろからいろんな人と会話したり、触れ合ったりすることが大切です。友だちが多い人ほど、認知症のリスクが低いということです。

ふたつ目は適度な運動。ウォーキングのようなリズムのあるゆるい運動を楽しみながらやるのが一番です。

そして、3つ目は血中コレステロール濃度が低いこと。コレステロールの排出を促してくれる食物繊維を多く摂るよう心がけましょう。

# 将来価値のある道を選ぶには、理論的思考を訓練すること

人間の脳には二重の意思決定回路があります。ひとつは、あらゆることに迅速に対応する「速いシステム」。情報量の多さや変化の激しさに迅速に対応できるように、「速いシステム」は限られた情報量で意思決定をしようとするので、「直感的に」とてもスピーディーに処理ができます。

ただ、粗っぽく、間違いを検出するのがあまり得意ではありません。

もうひとつは、理論的、理性的に判断する「遅いシステム」。「あの人の言っていることは、よく考えるとなにか変だ」と感じるのは、あとになって「遅いシステム」が検証して、警告を出しているのです。

情報量が多く変化の激しい環境では、普段から理論的にじっくり決めることは、ほとんど不可能でしょう。そのため、私たちは「速いシステム」が主に働き、どんな矛盾があっても、なにはともあれ現実を受け入れる性質を持っています。

ですが、長期的視野に立ち考えることをおろそかにすると、価値のあるものを見過ごしてしまいがち。そう感じたら、「遅いシステム」を訓練すること。心を落ち着けて自分を内省する時間を持ったり、忍耐力が必要な問題を解いたりする習慣をつけるのが有効です。

# 逆境は〝脳力〟を鍛える

力を限界まで発揮して逆境を乗り越えようとする。そんな状況は、ゲームのようなヴァーチャルな世界の中での脳トレとは比較にならないほど脳を鍛えます。
　思いもよらない問題が次々と起きる現実からは、逃げることができません。ゲーム的に表現をすれば、「難易度のレベル」がまったく異なるのです。
「何度も修羅場をくぐってきた人は、人間としての底力が違う」と言われますが、これは逆境を乗り越えた経験に裏打ちされた〝脳力〟とも言えるでしょう。

90年代前半まで主流だった考えは、「脳は大人になると衰えるばかりで成長する余地がない」でした。しかし近年、この考えを覆す研究結果が、続々と報告されています。

例えば、2000年には英国ユニバーシティ・カレッジ・ロンドンの研究グループの実験によって、ロンドンのタクシードライバーの脳に、一般市民の脳との違いが見られるという結果が報告されました。

明らかに海馬の後部が大きく、全体は小さかったのです。それも、ドライバー歴が長いほど、海馬後部が大きい。タクシー

# 年齢を重ねても、経験によって

# 人間の脳は大きく変われる

を運転し続ける経験を積む中で、詳細な空間認識能力を貯蔵しておく必要にせまられ、海馬の神経回路の再構築が促されたのです。

この情報は、回路が再構築されるだけでなく、器質的な大きさの違いにまで反映されることを示した初めての研究でした。

人間の脳は経験によって大きく変わる。それは、成長期の脳だけでなく、成熟した脳においてもそうなのです。年齢を重ねても、死ぬまで、新しく神経細胞は生まれ続け、神経回路は変化し続けるのです。

# 冷静に今いる状況を見つめるために、感情を言語化して前向きになる

誰かに妬ましさを覚え、ネガティブになって自己嫌悪している心の余裕があるのなら、建設的な対処をおすすめします。

それは「私は今、人を妬んでいる」と開き直ってしまうこと。ネガティブな感情から目をそらすのではなく、はっきりと自覚する。それだけでも、かなり楽になります。

次に、言葉にすること。そのほうが、より今の自

分の状況を把握することができ、冷静に見つめることができます。これによって感情に支配されていた脳に、ちょっとした隙間ができる。考える余裕が生まれ、前向きな姿勢になれます。

外に出すのは、自分の今ある状態を正直に見つめてから。その時は、アンダーザドッグ（負け犬）効果といって、見せたくないところをあえて見せる。自分のダメなところをコミカルに表現して、聞き手の共感を得ながら発散するのもいいでしょう。

自分の感情をコントロールする能力は、あらゆるシーンでプラスに働くもの。モヤモヤしてしまうのは当たり前で、そんな自分を知るということは、今後の成長につながります。妬みなどは特に向上心の裏返しでもあるので、自分を高めよう、頑張ろうという気持ちに持っていければ、むしろプラスになるものです。

クエンティン・タランティーノ監督の映画『キル・ビル』内のアニメーションは、プロダクションI.G※が制作しています。それは、断られても、アメリカから大量のFAXを送るなどした監督の情熱の結果でした。

あなたが「面白い」と思ったことを人に伝えることで、あなたのペースに巻き込まれる人が出てくるはずです。その人はあなたの味方。一緒になって思う存分、面白いことをやってくれるでしょう。それは、あなたにもあなたの味方にも、大きなプラスの結果をもたらします。

**自分が心から面白いと思うことを人に面白く伝える情熱があなたの味方を作る**

# 自信をつけるには、達成したい目標から逆算をして計画を立てる

仕事や勉強を進めるのがあまりうまくない人は、長期ではなく短期スパンで、手が届きそうなことを目標にしましょう。

さらに、達成したい目標から逆算をします。自分ができそうな範囲の目標を立て、達成するためのスタートを決めてとりかかるのです。

小さな一歩でも、何度も目標を達成することで自信がつき、さらに効率が上がります。

コツコツと成功を積み上げることは遠まわりのようですが、高確率で目標達成できるでしょう。

第4章

# 脳をだます

# 身近な目標を立てることで三日坊主から抜け出せる

目標達成を妨げてしまう気持ちの動きには、いくつかパターンがあります。ダイエットを例に考えます。

ひとつ目は、久々に会った友だちに「太った？」と言われたことがショックでダイエットを決意する場合。一時的な強い気持ちが動機ですが、よく会う人からは言われないため、ショックの気持ちは徐々に薄らぎ、決意を忘れます。

ふたつ目は、ダイエット中に誘惑に負けたり、付き合いで高カロリーの食事を摂ったりした場合。途中で遭遇した外的要因に左右されて「もういいや！」という気分になって、ダイエットを中止するわけです。

このような失敗を、どうやって避けるのか。

ダイエットなら「やせる」を忘れて、その代わりに「毎日体重計に乗る」ようにします。「やせる」は常に心に描くには遠くて抽象的過ぎる目標のため、長続きしにくいもの。イメージしやすい身近な目標を、代わりに設定する必要があるのです。

今の体重がわかることで、ちょっと多いと思えばランニングや食事量を控えるなど対処が可能です。こうした工夫が、無理なく目標を達成させるための秘訣なのです。

# 一度お金を払うと「合理的な判断」ができなくなる

本当はどちらが得か、冷静な判断ができなくなるのが「サンクコストの錯覚」です。サンクコストとは、埋没費用のこと。なんらかの行為に投資した金のうち、その行為を中止したり関わりあいを縮小したりしても、絶対に回収ができない費用をさします。

例えば、レストランで3万円のコースを注文したと仮定します。しかし、食事のレベルは低く、対応もいい加減。途中で店を出ようとしたら、コースの値段を請求されました。

この時の選択肢はふたつ。「まずくてもコースを最後まで味わう」か「レストランを出てほかの店に行く」のどちらかですが、多くの人は前者を選ぶでしょう。

これがサンクコストの錯覚。すでに投資した事実に引きずられやすく、合理的な判断ができなくなってしまう傾向があるのです。

恋愛や結婚生活でも同じ現象が見られることがありますね。これだけのデート代を支払ったのだから、この女性と結婚しなければもとが取れない。ずっと我慢してきた時間が水の泡になるから、離婚できないなど。どちらもサンクコストの錯覚に、脳がだまされている状態と言えるでしょう。

# 「嫌い」を「楽しい」に変えるのは簡単なこと

どんなに忙しくても、楽しそうに仕事をしている人。それは、「仕事を楽しくする名人」と言い換えることができます。

あなたがもし、「仕事や勉強がつまらない」なら、「自分にとって一番楽しいこと」を考えて、嫌なことと結びつけましょう。

例えば片付けが嫌いでゲームが好きなら、嫌なことをタイムトライアルと考えて、ハイスコアを出すことに熱中する。効率良く嫌な仕事を終えられるように、攻略法を編み出すのです。「嫌い」を「楽しい」に変えるのは、難しくありません。

# 嫌な仕事が楽しくなるトリック

ふたつの認知の間に不協和関係ができた時に生じる不快感を少しでも緩和させるため、脳は勝手に妄想を作り出します。

例えば、職場で嫌な仕事を担当しているにも関わらず、十分な報酬を得ていない場合。「俺は今、つらい仕事をしている」「つらい仕事だが報酬は少ない」と、認知的不協和が生じます。

この不快感を緩和させるために、脳は「俺は報酬が少なくても、この仕事が好きだからやっている」と認知を変容させるのです。

# サボり癖のある人は、指導役や

# 監督役を任せると一変する

自分に任命権がある場合、サボり癖がある人を指導役や監督役に任命してみましょう。

サボる人は、自分を正当化するため無意識にいろんな理由を考え出します。でも、それを指摘する人がいなくなると一変。

「サボっていた自分」と「他人に『サボるな』と言わなければいけない自分」の間に葛藤が生じます。

葛藤が生じると、自己評価が高いタイプでは「『サボるな』と言う自分」が勝ちます。そして、人が変わったようにサボらなくなるはずです。

# 5分間だけ集中すれば、その後は何時間でも続けられる

勉強や仕事を始める前、「スイッチを入れる」ための「決まった儀式」を行っても、どうしてもやる気が出ない時があるかもしれません。

そんな時はまず、ちょっとがまんして、5分間だけ集中してやってみることです。そうすると、脳は勝手に勉強モードや仕事モードに入ってくれて、

そのまま30分でも1時間でも続けることができます。

人間は、勉強や作業など面倒なことに対して最初はやる気が起きないものの、一度始めてしまうと、意外にすんなり進めることができる性質を持っています。

つまり、勉強を始める瞬間の「やる気が起きない」気持ちを取り払うのが、一番大事なこと。

それでも勉強や仕事モードに入れないこともあります。その時は自分でも気付かないような疲労が溜まっている場合もありますから、あきらめて少し横になったりしましょう。休むことが必要な時もあるのです。

# 聞き役に徹すれば、相手を思いどおりに誘導できる

対面する相手と話が合わないと感じた時、距離を置きますか？　それとも、強い態度で自分の意図を主張しますか？

そんな時は、とにかく最初に相手にしゃべらせましょう。人は誰でも、自分の話をちゃんと聞いてくれると嬉しくなり、気分が良くなってきて、目の前の相手を信頼しやすくなります。これは、クライアントとの信頼関係を築くために、カウンセラーが使う「ラポールの形成」というテクニックです。

とはいっても、ただ聞いているだけではいけません。相手に好意と尊敬の念を持つことも大事。その際に重要なのは共通点を探すことです。よく知らない人とでも、共通点があるとわかったとたん、打ち解けられたというのは誰にでもある経験でしょう。

また、リアクションもラポールの形成には欠かせません。一緒に笑ったり怒ったりと、同じしぐさを気付かれないようにやってみたりするのです。

相手をすっかり良い気分にさせて、自分の言うこと聞いてくれやすいようにしておく。そのことにより、自分が誘導したい目的地に話を持っていく交通整理を進めやすくなります。

きれいで若くありたい女性にとって必要なのは、安心感や安らぎをもたらす〝幸せホルモン〟セロトニンです。

その次に必要なのは、ドーパミン。誰かにほめられた時、得した時などに脳が喜びを感じると分泌されます。

素敵な恋愛をすることが一番良いのですが、できない場合は憧れの人との擬似恋愛を妄想してみる。仕事がうまくいって、社内で拍手喝采を受けている姿を妄想する。楽しい妄想だけでもドーパミンは分泌されます。

# 妄想のときめきで「若さ」と「美しさ」を保つ

良い人が好きになる人、友人として認める人とは、どんなタイプでしょうか？　自分でいくつか項目を挙げてみましょう。

一緒にいて楽しい、一緒にいて元気になれる、威張らない、話を真剣に聞いてくれる、良いところを認めてほめてくれる、生き方がかっこいい……などなど。次に、「自分がそういう人間像に当てはまるか」を考えてみてください。

その当てはまった部分について、自分をほめ讃えましょう。「なんて素敵な私！」と、ナルシストと思うくらいほめるのです。毎

# 自分を毎日ほめていると、

# なりたい自分になれる

日そうやって自分の良いところをほめていくと、不思議なことに本当にそういう人になっていきます。そのうち、高い自己評価を得られるようになるはずです。

これはつまり、あなたが自分で自分のことを認めること。毎日ほめてあげることで、人間誰しもが求める「社会的報酬」を満たすのです。この欲求が満たされているあなたは、自分の周りにいる人のことも認められるようになります。それにより、あなたは自分にとって価値ある人脈を築けるようになるでしょう。

# 人間は、自分が見ている方向にしか進めない

砂漠にたった1本立っている看板に、なぜか頻繁に車が衝突するといいます。ほかに何もない砂漠で、何度も事故が起きるのはなぜだと思いますか？

それは、運転手が看板を見つめ続けてしまうから。

これは車の運転に限ったことではないのです。私たちの人生も同じで、人間は自分の見ている方向にしか進んでいきません。その先に障害物があったり、走りにくい道であったりしても、「行きたい！」と思った方向に、なんとかして進んでしまうのが人間の性質なのです。

# 認めることで、あがり症と上手に付き合える

人の前で話すプレゼンや会議の発表の時にあがってしまうのは、脳の作りによるもので、実は生まれつきなのです。

あがり症とうまく付き合うには、「今、自分はあがっている状態だ」と実感すること。あがっている時はテンパっているので余裕がないでしょうが、これで少し落ち着くはずです。

とはいえ、あがるのは悪い面ばかりではありません。追い詰められた時にアイデアが閃いたり、すごい力を発揮する場合もあるのです。

# 他人の評価よりも、自分の評価のほうが

人間の脳（前頭葉・内側前頭前野）には、自分で自分のことを評価する機能があります。

人間は、ほかの人の言葉以上に、自分の思い込みによってコンプレックスを強めてしまうのです。

例えば、太っていることを

# 自分に強い影響を与える

気にしている人に「デブ」と言えば、傷つくでしょう。しかし、体型についてまったくコンプレックスを持っていないどころか、太っていることを気に入っているとしたら？　びっくりはしても、むしろ逆に笑い出すくらい余裕のある対応をするはずです。

強気のふりをすることは、心を折れなくする方法のひとつ。「強気のふり」には、自分自身の目をあざむく効果があります。

　本当は心が折れそうだけど、強気の自分を無理やり演じきることで、「私って意外と強いじゃん！」と自分に思わせてやることができるのです。

　人は他人を評価する時、想像以上に見た目を重視します。自分自身も、自分を「見た目」で評価するもの。「見た目」を自分の理想に近づけることは、ネガティブな自己イメージ払拭への近道です。

# 強気のふりをすることで心が折れない人になる

# 恋をして脳をだませばやせられる

食欲をコントロールしているのは脳です。

そこで、ダイエットしたい時には、水を飲む、ガムを噛むなど〝食べたこと〟にして、空腹をまぎらわせる。脳をだまして、空腹を満たすのです。

また、恋愛などでドキドキする際に分泌が高まるノルアドレナリンで、満腹中枢を刺激するのも一手。ノルアドレナリンは、脂肪分解や燃焼を促進する働きがあるので一石二鳥です。

# 悪口を言うと、

怒ったり悪口を言ったりすると、老化します。それは、脳内にストレスホルモンのコルチゾールが大量に放出されるため。

実は、あなたが話している時、あなたの脳では「今、話している言葉は誰に向けられているのか」を理解しようとしています。

# 勘違いした脳がダメージを受ける

ところが、主語を理解している部分としていない部分があり、人に向けた悪口でも、自分が攻撃されていると思うことが……。

自分が攻撃されていると脳は勘違いをし、気分が悪くなりストレスを発生させるのです。

# やすい脳に書き換える

やせたければ、脳の性質を考慮したダイエット戦略を練りましょう。重要なポイントは、代謝率を高く保つこと。そして、長く続けられるものであることのふたつです。

やせやすい人と太りやすい人の差は「ＮＥＡＴ」※の違い。日常の生活活動で消費されるエネルギーの違いのことで、特別な運動をしなくても日常生活の中でＮＥＡＴを増やしていけば肥満を解消できるのです。

アメリカの運動科学の専門家の実験結果によれば、やせている人は太っている人と比べるとＮＥＡＴが１日３５０キロカロリーも多いのです。１年間では約12万７７５０キロカロリーで、脂肪組織１キログラムを７０００キロカロリーで換算すると重さ約18キログラム。

この差は姿勢の違いで生じることがわかっています。太っている人は、座っている時間が長く、立っている時間が少なかったのです。

では、やせやすい生活スタイルを身につけるにはどうしたら良いのか。それには、「動いていることが楽しい」と脳に思い込ませることが、シンプルですが一番の早道。あなたの脳を、やせやすい脳に書き換えてしまうのです。

※Non-Exercise Activity Thermogenesis、非運動性活動熱産生。

# 人間は自分のイメージに

誰かに言われた言葉で人が傷つくのは、その言葉を肯定してしまった時。自分で自分を傷つけてしまうのです。

ですが、人間は無意識に「誰かが何かを言ったとしても、自分自身が持っている『自己イメージ』に合致することしか同意

# 合うものしか
# 受け入れない

しない」という性質があります。

　自分の長所を常に意識して、短所にはいったん目をつぶりましょう。すると、短所を指摘されたとしても冷静に処理ができます。性質をうまく利用すれば、ネガティブな自己評価をなくしていくことができるでしょう。

# 「レッテル貼り」で、

相性が合わない、苦手な人でも面倒は避けたい。可能なら上手にコントロールしたいと願う人は多いと思います。

そんな時は、コミュニケーションの中で、自分にとって望ましいレッテルをさりげなく相手に貼ってしまう。相手の妄想をうまく利用する「ラベリング効果」により、相手を自分の思う方向へ誘導するのです。

例えば、仕事がちょっと雑で注意しにくくて困る人に対してては、このように使います。仕事の仕上がりの中でもていねいに作業された部分を指しながら、こんなふうに言いましょう。

# 相手の行動を都合良くあやつる

「○○さん、今日もありがとう。ここを特に詳しくやってくれて、すごく助かります。○○さんは仕事がていねいだし、実は几帳面というのが仕事に生かされているよね」

「ていねいさ」に着目して感謝を示すことで、相手の意識に〝××さんの依頼には「ていねい」に応えると喜ばれる〟事実が刷り込まれます。そして、次の依頼には、よりていねいに仕事を仕上げてくれる可能性が高くなるのです。

相手の思考はそのレッテルに影響され、あなたの用意した、都合の良い認知の枠の中へ勝手に誘導されます。

# 脳の勝手な妄想に惑わされない価値基準を持つ

みんなが買っている、みんなに支持されているだけで、さほど検証をしていないのに物を買ったり、心情的に味方になったり。これは「バンドワゴン効果」と呼ばれるものです。

また、人は集団の中で多数派になろうとする心理が働き、大多数の意見に合わせて、流されてしまいます。

このように、自分の意思決定だと思っていても、脳の勝手な妄想に基づいているものが少なくありません。惑わされないためにも、自分の評価基準をしっかりと持っていたいものです。

「エミール・クーエの法則」とは、別名「努力逆転の法則」と言い、「意思の力で努力すればするほど、意思による努力とは正反対の結果が出てしまう」法則。どういうことかというと……。

# 意思と妄想が衝突した時は、妄想を解き放つ

・「人前であがらないようにしよう」と、努力するほどあがってしまう。
・好きな人に告白しようと思って、「うまくやろう」とするほど、焦って失敗する。
・ここぞという勝負の時に、「絶対チャンスをつかまえなくちゃ」と思うほど逃す。

このような皮肉な結果になる経験は、誰にもあることです。

つまり〝妄想と意思の力が衝突し、対立している場合は、妄想に注意が向いてしまい、最悪の結果を招いてしまう〟のが、「努力の逆転の法則＝エミール・クーエの法則」です。

なぜなら、「意思と妄想が相反している場合は、妄想のほうが勝ってしまう」ため。意思の力で嫌な妄想を抑えようとするほど、そこに注意が向いてしまうのです。

もし、想像力と妄想が対立していると思ったら、思う存分、妄想を自由にさせましょう。妄想をたくましくする方向の努力をする。そのことにより、最悪の結果を防ぐのです。

# 妄想することで、脳は活性化し変化をもたらす

カナダにあるヨーク大学のパスカル・レオンの研究グループは、ピアノが弾けない人を集めたユニークな実験を行い、興味深い研究結果を発表しています。

彼らは、被験者をふたつのグループに分け、一方のグループには5本指でピアノの練習をさせ、もう片方のグループには、頭の中だけでピアノのイメージトレーニングをさせました。

すると、5本指で実際にピアノを弾いて練習したグループの運動野の灰白質の量が増えていたのと同様、イメージトレーニングだけをしたグループにも運動野に変化が起きていたのです。

では、妄想をすることによる変化はあるのでしょうか？　答えはYESです。

例えば、運動を司る部分、脳の運動野は「動く」とイメージするだけで活性化することが知られています。私たちが自転車に乗れるのは、海馬が覚えるだけでなく、運動野の記憶のおかげです。

# 成功者は、形から自分を変える

社会心理学者のエイミー・カディが行ったユニークな実験があります。自信があるように見せかけたい時、そうしたポーズを取ることが人間にどのような効果があるのかを調べたのです。

自信がない時に強いポーズを取ってもらうと、人間の体内ではふたつの物質の濃度に変化が起きます。そのうちのひとつはテストステロン。やる気や攻撃性を高める男性ホルモンです。強いポーズを取ることによって、この〝やる気のホルモン〟の値が上昇します。もうひとつはコルチゾール。これは〝ストレスホルモン〟とも呼ばれ、心理的な負担のバロメータになるものです。強いポーズを取ると、この値が下がるのです。この結果自信が出てきたり、喜んでリスクを取ったりするようになることがわかりました。

一方、弱いポーズを取ってもらうと、それとはまったく逆の反応が見られました。ボディランゲージで自分をより強力に見せられることは、一般的にもよく知られています。この実験から、ボディランゲージは相手ではなく、本人にも大きな影響が与えられていることがわかったのです。

「なりきっていると、そうなってくる」は、あながち間違いではありません。なりたい自分につながるキッカケなのです。

# 脳は成功者の考え方や生き方を

人間の脳には「ミラーニューロン」という神経細胞があると言われています。

これは、モノマネ脳、共感脳と言われます。例えば、自分の身の上に起きたことではないのに、思わず悲しい気分になって泣いてしまう「もらい泣き」や、見ている自分はそんなに楽しいわけでなくとも、バラエティ番組で流れる他人の笑い声を聞いてつられて笑うことなど。これらはすべて、ミラーニューロンの働きによるものだとされています。

このミラーニューロンが発見

されたのは1996年。人間ではなく、サルの脳で見つかりました。実験者が飲み物を飲むしぐさをした時に、サルの脳の中でサルがジュースを飲む時に信号を出す神経細胞が活発に活動していることがわかったのです。

これは、人間でも同じことが起こると考えられています。

つまり、成功者の考え方や生き方を目の当たりにすると、それが勝手に脳にコピーされる。そして、成功者の自己イメージが、自分の自己イメージと重なって、自然に行動や結果に反映されていくのです。

# 勝手にコピーする

# 悪意で捏造された他人の妄想に自分の人生を左右されない

近年、リストラの際に退職勧告をしても自発的に辞めない社員に、間接的な嫌がらせをして退職に追い込む例が報告されています。「ガスライティング」という方法です。

ガスライティングでは、標的となる人物の感覚喪失、妄想、悪評、トラブルなどを演出して、社会的地位を失墜。自信や自尊心を徹底的に破壊して、自分自身で自滅したかのように見せかけます。

この方法の代表的な手口は、人々がターゲットのことを明らかにわかるように話していることから始まります。その様子に不快感を覚えたターゲットが「自分のことを話しているのか」と尋ねても、「自分が注目されていると思うなんて、自意識過剰じゃない?」と返される。その対応もほぼマニュアル化されているのです。

加害者がわからないよう巧妙に仕組まれているため、標的にされた人は対抗手段がとりにくく、心を病むなど相手の思惑どおりの結果になることも。

あなたの人生はあなたのもの。悪意で捏造された他人の妄想に、自分の人生を左右されないようにしてください。

| | |
|---|---|
| **企画・構成** | 株式会社カウボーイソング（前田拓、岩川悟） |
| **編集協力** | 渡邉裕美 |
| | 平田美穂 |
| **ヘアメイク** | 小林千恵 |

カリスマの言葉シリーズ #002
# 生きるのが楽しくなる 脳に効く言葉

2016年3月1日　初版発行
2017年11月25日　第3刷発行

**著者**　中野信子　©Nobuko Nakano 2016
**発行者**　沢田 浩
**発行所**　株式会社セブン&アイ出版
〒102−0083
東京都千代田区麹町5−7−2 5F
電話　03−6238−2884（編集）
03−6238−2886（販売）

**装丁・本文デザイン**
保多琢也（VAMOS）
**写真**　塚原孝顕
**印刷・製本**　凸版印刷株式会社



Printed in Japan
ISBN978-4-86008-685-5